www.casterman.com

ISBN 978-2-203-02457-1
N° d'édition: L.10EJDN000510.C003

ZOÉ et THÉO

jardinent

Catherine Metzmeyer & Marc Vanenis

casterman

Quel travail dans le jardin potager! Papa a bêché, puis ratissé. Maintenant, il sème des graines avec Théo.

Maman désherbe soigneusement les plants de légumes.
– Moi aussi je veux aider, dit Zoé.
– Comme c'est gentil ! répond Maman.

Reconnaître les mauvaises herbes, c'est difficile.
Zoé se trompe souvent.
– Zut! j'ai encore arraché un bébé carotte.

– Maman, tu veux bien m'aider ? demande Zoé.
– Deux minutes, Zoé, j'arrive, lui promet Maman.

Mais Zoé n'aime pas du tout attendre.
– Alors, je vais vider la brouette sur le tas de
compost.

– Ho hisse, c'est trop lourd ! Papa, au secours !
s'exclame Zoé.
– Une petite minute, j'arrive, ma puce, lui répond Papa.

Pas question de patienter, Zoé est pressée :
– Eh bien ! Si c'est comme ça, je vais arroser.

- Oh là là, l'arrosoir déborde ! Tu viens, Théo ?
- Une seconde, j'arrive, Zoé, crie son frère jumeau.

La petite fille est fâchée :
– Puisque personne ne veut m'aider, je m'en vais !

Mais derrière la haie, Zoé oublie très vite sa colère.
– Youpi ! Ça y est ! Les fraises sont mûres !

- On est tous là,
Zoé, on vient t'aider !

Aussitôt Papa, Maman, Théo accourent...

Choisir les fruits les plus rouges, ce n'est pas si facile.
Mais Zoé ne se trompe jamais !

– Regarde, Théo, j'ai trouvé une fraise géante.
– J'arrive tout de suite, Zoé.

- Trop tard! Elle sentait si bon! Miam, je me suis régalée!

Achevé d'imprimer en janvier 2012, en Espagne.
Dépôt légal août 2009 ; D. 2009/0053/462
Déposé au ministère de la Justice (loi n° 49.956 du 16 juillet 1949 sur les publications destinées à la jeunesse).